나의 파도

나의 파도
ⓒ양유진 2023. All Rights Reserved.

초판 1쇄 인쇄 2023년 8월 10일
초판 1쇄 발행 2023년 8월 22일

글 양유진
편집, 디자인 양유진
펴낸곳 수려
이메일 yangyuzin@gmail.com

ISBN 979-11-984081-1-2

나의 파도

양유진 씀

들어가며

공기마저 시린 12월의 밤, 옥상에 올라와 있다. 여전히 빛나는 주황빛 가로등과 그 아래를 질주하는 차들, 빼곡한 빌딩숲과 너머의 새까만 한강.

가만히 보고 있자니 그런 생각이 든다. '저들도 나와 같고, 나도 저들과 같구나.' 내가 살아가는 것이 유달리 특별하거나 위대하지 않고 그 사실이 위로가 될 수 있다는 것을 이 높은 곳에 올라서야 느낀다.

얼굴을 뚫는 차가운 공기에 몸과 마음이 씻겨 내려가고, 요동치던 파도는 잠잠해 진다. 이로써 마침내 고요가 깃드는 나의 바다.

2021년 12월 첫 날에 썼던 글이다. 책을 준비하면서 첫 장에 쓰고 싶은 말이 무엇인지 고민했다. 시선을 사로잡는 화려한 문체는 내 역량 밖의 일이라, 책과 가장 닮은 글 한 편을 꺼내어 담담하게 전해본다.

이 단상집은 자주 부서지고 때때로 가라앉았던 나의 파도를 엮었다. 이십 대부터 삼십 대가 되기까지, 일상과 비일상 속에서 마음의 파도가 일 때마다 글을 썼다. 매일 끊이지 않는 사유와 반복되는 감정의 물결이 펜을 통해 음절마다 스며들었다.

날 것의 마음을 꺼내 보이기까지 긴 시간이 필요했다. 그러나 무수한 타인의 솔직함에 몰입하고 공감했던 나의 모습을 빌어, 언젠가 일었던 나의 파도가 누군가의 파도일 수 있겠다는 기대 어린 짐작으로 첫 장을 써내려 간다.

지금도 우리 모두는 나름의 방식으로 몇 번이고 부서지고 있을 테고, 나 또한 여전히 그렇다. 그러나 부서지다 보니 알겠다. 나는 파도가 아니라 바다라는 것을.

이 단상집을 통해 다시 전처럼 눈부신 햇살에 하루를 설레어 하고, 내일을 궁금해 하는 나를 발견한다. 누군가도 글을 읽는 동안 함께 부서지고, 가라앉다가 끝에는 그저 평온하게 각자의 수평선을 바라본다면 더할 나위 없겠다.

좋아하는 것들이 도무지 좋지가 않던 지난 봄, 문득 나의 생명력이 옅어지는 기분에 덜컥 두려웠다. 지푸라기를 잡는 심정으로 오래 관심을 가졌던 출판에 관한 강의 수강을 신청했고, '돈을 지불하여 약속한 시간'이라는 의무를 이용해 사라지는 의욕의 끄나풀을 놓지 않으려 애썼다. 이 책은 그 시간을 계기로 완성되었다. 나는 발버둥 치던 그때의 나에게 고맙다.

2023년 여름
양유진

목차

들어가며 · 7

자화상 · 18
황홀경 · 21
첫 장을 펼치고 · 24
베갯잇에 스민 말 · 26
취향 · 31
실망하지 않는 방법 · 34
잠꼬대 · 37

음악이 있었고, 들리진 않았던 밤 · 40

버킷리스트 · 42

네, 수고 많으십니다 · 45

어느 밤의 고백 · 51

매주 일요일 · 54

교훈 · 58

우리가 아니라 나의 불편함이었음을 · 61

방향에 따른 속도와 속도에 따른 방향 · 65

언젠가 내가 바라고 원했던 · 69

도망 · 72

세상이 편리해질 수록 편안함과 멀어진다 · 74

취업 준비 · 77

Dear. Somebody · 80

스키야키 집에서 · 82

우물 · 84

어른 · 88

어른(2) · 90

취업 준비(2) · 92

취업 준비(3) · 95

플랑크톤이 말했다 · 98

매일매일 하고 싶은 일이 생긴다는 것 · 100

걷기 · 104

오늘 저녁 먹을래? · 106

꿈 · 110

클래식 · 115

밤이 아쉽다는 건 · 118

꿈에서 만난 사람들 · 120

기분이 태도가 되지 않는다 · 122

비 내리던 날 · 125

여름 · 128

그 때도 좋고 지금도 좋은 · 130

모래성 케이크 · 132
HER · 135
부다페스트에서 · 138
디테일 · 140
내가 서점에 가는 이유 · 142
A Scene Of Winter · 145
향(香) · 149
사랑하는 너에게 · 151
핫초코 마실 생각에 기다리는 겨울 · 155
균형 · 158

자화상

일곱 살 유치원에서부터 그림일기를 시작해 이제 스물 다섯. 그러니까 거의 18년 동안 일기를 써왔다. 일기에는 순간의 나에게도 차마 솔직하지 못했던 생각과 마음이 담겼는데, 어느 날은 잊지 않기 위해 기록했고 또 어느 날은 잊기 위해 고백했다.

 글을 쓰다 보면 머릿속이 정리되고, 마음이 정화되고, 어떨 때는 채워진 기분까지도 든다. 그래서 어떤 생각이 들면 일단 '쓴다'. 이런 이유로 나의 글은 손에 잡히는 모든 곳에 흩어져 있다. 일기장, 휴대폰 메모장, 노트, SNS, 하물며 회사 책상에 있는 업무 노트에까지.

 가끔 정제되지 않은 감정과 두서없는 의식의 흐름이 잔뜩 나열된 내 글을 누가 보게 될까봐 걱정하곤 한다. 들키고 싶지 않은 짝사랑의 초상화가 학교 게시판에 실린 기분이겠지.

 화끈거리는.

그러나 나는 그럼에도 불구하고 계속해서 쓸 것이다. 누구나 한 번쯤 달빛에 솔직해지고, 스치는 낙엽에 사랑했다가, 창문을 두드리면 빗방울에 이별의 기억이 짙어지는 것처럼 순간에 표류하는 내 조각들을 잘 부여잡을 것이다.

혹시 모른다. 그렇게 차곡차곡 쌓인 조각들이 어느 날 게시판에 실렸을 때 보니, 멋진 자화상일지도.

(2017년 4월)

황홀경

스물세 번째 생일이었다. 혼자서 처음 여행을 시작한 날이기도 했다. 겁 없이 낯선 이의 안내를 따르다 목적지와 반대 방향에 이르렀고, 또 다른 낯선 이들의 보호로 제 길을 찾아 숙소에 도착했다.

이 글을 쓸 수 없었을 지도 모르는 위험천만한 일을 겪은 지 채 한 시간도 지나지 않았지만 놀란 마음을 달래려 무작정 걷다 보니 이 곳에 이르렀다.

울창한 나무들이 둘러싼 녹음과 콧속 가득 차오르는 수풀 향. 공원이라기엔 아직 자연의 그늘이 짙은 이 곳에서 누군가는 산책을, 누군가는 독서를, 누군가는 낮잠을 즐기고 있었다.

처음이었다.

감당해보지 못한 평화에 압도된 느낌. 마음이 착 가라앉았다. 방해하기 싫은 평화로운 공기만 가득했다. 비어있는 벤치에 앉아 가만히 음악을 들으며 이런저런 생각을 했다. 시선은 여전히 그들에게 머무른 채.

참 아름다운 장면이라 생각했다.

그러다
멈칫,
이내 울컥하고 말았다.

내가 이 황홀한 장면의 일부란 걸 깨달았거든.

(2015년 8월)

첫 장을 펼치고

다이어리 첫 장에 글씨를 쓸 때의 나는 누구보다 신중하고 어느 때보다 경건하다.

매년 어떤 글씨체로 시작할지 (기분에 따라 글씨체를 다르게 쓰는 나름의 재능이 있다), 어떤 크기가 좋을지 머릿 속으로 몇 번이나 시뮬레이션을 해 보지만 망설임과 긴장감이 가득한 탓에 첫 글자엔 늘 잉크가 맺혀 버리곤 한다.

마치 첫 자에 따라 한 해가 좌지우지되는 냥 떠는 스스로가 웃길 때도 있지만 매년 찾아오는 이 긴장감은 도무지 해소되지가 않는다. 언제쯤 시작 앞에 대범해질 수 있을까?

(2020년 12월)

베갯잇에 스민 말

알람이 없는 요즘은 일어나면 낮이요, 자면 밤인 시간을 살고 있다.

새벽 2시에 눈이 떠지면 샤워를 하고 나와 맑은 정신을 깨운 후 글을 쓰거나 정리하는데, 그러다 보면 어느 새 창밖이 환해지고 출근하는 사람들로 분주한 동네의 소리가 들린다. 오전 10시에 눈이 떠진 날에는 대충 세수만 하고 주섬주섬 챙겨 입은 뒤 운동을 다녀오는데 날이 좋을 땐 산책을 한다. 뜨거운 여름 햇살을 받으며 걷다 보면 땀이 나지만 그냥 편의점에 가 메로나를 입에 물고 나오면 그뿐이다.

편의점 건물 유리창에 비친 내 모습이 보인다. 대충 묶은 머리와 화장기 없는 얼굴, 헐렁한 운동복 차림과 슬리퍼, 한 손엔 아이스크림까지. 제법 힘을 빼는 데에 성공한 것 같아 배시시 웃음이 난다. 아직까지 완벽한 여름이다.

오늘은 1시에 눈을 떴다. 13시가 아니라 25시.

샤워를 하고 나와 머리에는 수건을 둘러멘 채 음악을 틀고, 책상 앞에 앉아 있는데 글을 쓰다 보니 문득 가족들이 보고 싶다.

부산에 가야겠다.

짐을 챙기다가 뭘 타고 갈 지 생각한다. 여지껏 시간을 아끼기 위해 비행기를 탔는데, 오늘은 그러고 싶지가 않다. 이제는 익숙하다고 해도 비행기 탑승을 위한 수속 과정과 일련의 과정들은 여전히 번거롭고, 국내선 좌석은 좁고 답답해서 KTX를 타기로 마음을 굳혔다. 나는 시간이 많고, 아직 겨우 4시다! 첫 차를 타고 아침 일찍 집에 도착해서 가족들을 놀라게 해줘야지. (어릴 때부터 나는 갑작스러운 집 방문을 좋아했다. 정확히는 뜻밖의 방문에 배로 반가워 하는 엄마 아빠의 표정이 좋았다.)

집으로 가는 길에 설레서 잠을 자지 않았다. 차로 30분만 움직여도, 50분 남짓 가는 비행기 안에서도 탑승과 동시에 잠에 빠지는 내가 무려 3시간을 눈 뜨고 버티다니, 어지간히 신난 것이다. 그렇게 부산역을 거쳐 집까지 도착한 나는 왁!하고 가족들의 품에 안겼다.

같이 식사 준비를 하고, 식탁에 앉아 이야기하고, 도란도란 티타임을 하면서 이다지 평화로운 시간을 참으로 오랜만에 가지는 듯해 괜히 한 번 더 앵기고* 살을 맞붙이고 있는다. 갑자기 제 밥벌이 그만 두고 내려와 백수라며 행복해 하는 다 큰 딸을 보는 게 엄마 아빠 속이야 평화롭겠냐마는 지금은 그저 나의 평온을 되찾고, 행복해지는 데에 집중하고 싶다. 언제 다시 올 지 모르는 휴식기를 염려와 불안으로 아쉽게 흘려보내지 않겠다는 다짐으로.

회포를 풀다 보니 어느 새 밤. 가족들은 늦었다며 잠자리에 들었다. 요즘의 나에게 '늦은 시간'이란 없지만 오랜 시간을 깨어 있는 데다 이동하느라 피곤했는지 잠이 오는 것도 같았다. 굿나잇 인사를 하고 들어간 방에는 잘 정돈된 이부자리가

---

* '안기다'의 비표준어로, 곁에 들러붙어 귀찮게 굴다는 뜻

보인다.

- 와, 진짜 얼마 만이야...

침대에 몸을 던지며 베갯잇에 얼굴을 묻는 순간, 화악- 내 얼굴을 감싸는 섬유유연제 향기에 기분이 좋다. 쿵쿵 거리며 이번에는 이불을 머리 끝까지 덮어쓴다.
같은 향기.
엄마는 늘 이렇게 나를 생각하는 구나. 내가 언제 올 지도 모르면서. 아팠다고 하면 몰라서 미안하다던 엄마의 말이 베갯잇에 스미었나 보다.

(2023년 7월)

취향

취향이라는 단어가 언제부턴가 뇌리에 남아 떠나질 않고 있다. 취향을 가진 삶에 대해 다룬 글을 읽었는데, 취향을 가진다는 것이 마치 나라는 사람을 알아가는 여정의 한 단계처럼 느껴져서, 이후 내가 가진 '취향'은 무엇인지 계속 생각하고 고민했던 것 같다.

나는 대개 모든 순간에서 더 끌리는 것을 찾아냈다. 그리고 더 끌리는 것을 거리낌 없이 언급하고 드러냈다. 이를 단점으로 생각해 본 적은 없지만 부모님은 종종 나에게 취향을 드러내는 것을 조심하라며 타이르곤 했다. 취향을 확실히 드러내는 것은 달리 보면 취향이 아닌 것으로 하여금 선을 긋는 일이라 나도 모르는 새에 누군가에게 상처를 줄 수도, 스스로의 기회나 가능성을 놓칠 수도 있다고.

해서, 취향을 겉으로 드러내는 것을 조금은 자제하기 시작했다. 내가 전지전능한 것도 아니니 세상에 존재하는 수많은 것들을 다 접해보지도 않은 채 취향을 굳히기는 아쉽기도 했다.

그러나 애초에 세상 모든 것을 경험할 수는 없는 일이었다. 그렇다면 취향을 가지고 표현하는 것, 이를 통해 비슷한 취향을 공유하고 발견하며 깊이를 더해가는 것이야말로 각자를 이해하고 성장하는 과정 아닐까?

사는 동안 다져진 각자의 취향은 자신만의 세계를 가지게 하고, 우리는 그 속에서 스스로를 키워 나가기도, 지켜내기도 하는 것이라 믿는다.

(2018년 6월)

실망하지 않는 방법

아직 어리지만 나이가 들어가면서 전보다 따뜻한 위로를 덜 하게 되었다. 단지 '따뜻하기만 한 위로'가 주는 헛된 기대가 어떤 영향을 미치는지 알게 되었기 때문이다. 가해자는 없는데 피해자만 있는 말. 그래서 나만 혼자 말없이 안아야 하는 상처.

 기대 후에 찾아 오고야 마는 실망이 너무 무섭다. 실망하지 않기 위해 찾은 방법은 기대하지 않는 것이었고, 나를 기대하게 만드는 것들을 멀리하고 외면했다. 이건 남에게도 적용되었는데, 누군가 나에게 기대하게 하지 않기 위해 부단히 선을 긋고 도망쳤다. 혹여 내 말이 누군가를 벨까봐, 그래서 내가 그랬듯 누군가도 말하지 못한 채 혼자 실망하고 허탈감을 느낄까봐 무서웠다.

 이후 나는 웬만한 일에 기대하지 않고 살았고 상처 받지 않았다. 기대가 없으니 희망이나 설렘도 없었고, 그렇게 조금씩 웃고 우는 일이 줄어들었을 지도 모르겠다. 한편으로는 위로를 건네는 일이 어려워지기 시작했다. 온전히 알지 못하는 상황과 감정에 대해 막연하게 희망적인 말로 낙관을 이야기하는 것도, 그렇다고 현실적인 말로 감정의 무게를 간과하는 것도 내키지가 않았다.

그래서 그냥 듣기로 했다. 어떤 말을 해도 무책임한 것 같아서 듣기만 하기로 택했던 처음, 속에서는 안절부절 난리가 났었다. '할 수 있다고 해야 하나? 아냐, 갈등하는 데엔 이유가 있겠지. 그럼 같이 욕을 해줄까? 하지만 알맹이 없이 욕하는 건 진정성이 없지 않나?'….

여러 자아가 싸우기를 반복, 이제는 말하는 사람의 감정을 이해하려는 노력만 있다면 경청만큼 좋은 것도 없다는 것을 여실히 느낀다. 말 없이도 이미 온 몸으로 공감하고 있고, 응원하고 있음을 당신은 안다. 진심은 통하니까.

(2016년 5월)

잠꼬대

오늘도 감기약을 먹고 누웠다. 나른하게 잠들어 기분 좋은 꿈을 꾸겠지. 눈을 감고 오늘 하루를 떠올린다. 지인이 내게 책을 내보라는 말을 던졌다. 지나가듯 던진 말이겠지만 종일 기분이 좋았다. 그는 나의 단상이 생각의 물꼬를 트게 만들어 좋다고 했다.

가슴이 뛰었다. 그래서 글을 더 많이, 더 빨리 쓰고 싶다가도 진심이 담긴 글을 쓰기 위해선 빨리여서는 안 될 것만 같다. 글을 쓴다는 건 나에게 솔직해야 하는 거니까.

며칠 전, 산문과 시의 차이를 적은 글을 접했다. 산문은 사랑하는 사람한테 '사랑해'라는 글을 쓴 거라면, 시는 사랑하는 사람이 내가 사랑한다는 것을 느낄 수 있도록 쓴 글이라고.

읽는 사람이 내 마음을 느끼려면 얼마나 많은 마음을 담아야 하는 걸까? 너무 많이 담아 흘러 넘칠 때 내 산문은 시가 될까? 천천히 내 마음을 꼭꼭 씹어 한 글자씩 적어야만 할 것 같다.

  생각이 꼬리에 꼬리를 물자 서서히 입가에 지어지는 미소가 느껴진다.
  야호, 단잠이다.

(2017년 9월)

음악이 있었고,
들리진 않았던 밤

음악이 있는 밤을 좋아한다.
음악이 있는 배경에서 글을 쓰는 게 좋다.
글을 쓰다 보면 음악은 들리지 않는다.

음악이 있는 배경에서 생각하는 것이 좋다.
생각하다 보면 음악은 들리지 않는다.

음악이 있지만 들리진 않는 밤을
나는 좋아하나 보다.
몰입으로 느끼는 생(生).

(2015년 6월)

버킷리스트

버킷리스트 중 하나는 크면 사진관을 차리는 건데, 언제 클 지는 모르겠다. 해보고 싶은 게 너무 많아서 아직 크면 안 되는데 그럴 때마다 내가 가진 24시간은 남들의 48시간이었으면 좋겠다는 생각을 하곤 한다.

 근데 이런 생각도 한다. 버킷리스트는 '하고야 말겠다'가 아니라 '죽기 전에 해보고 싶다'라는 의미가 더 크니까 목표가 아니라 꿈이라고. 그러니 무언가를 버킷리스트라고 칭하면 사실은 그 때부터 그 무언가는 이루지 못해도 상관이 없고, 한 번쯤 꾸는 꿈이 되는 거다. 결국 버킷리스트는 내 마음 어딘가에서 속삭였던 상상의 총합이라고 해도 되지 않을까?

 상상이 이루어지지 않는다고 해서 슬프지 않은 것처럼 상상하는 것, 꿈을 꾸는 것 자체로 낭만이고, 행복이다. 버킷리스트가 있다는 것만으로도 살아가는 데에 활기가 되고 동력이 된다면 그 또한 존재 가치가 있다고 생각한다.

상상하는 만큼
꿈을 꾸는 만큼
버킷리스트가 늘어가는 만큼

나는 내 시간이 소중해진다.

(2017년 1월)

네, 수고 많으십니다.

- 네, 수고 많으십니다.

엄마는 늘 어딘가에 문의전화를 할 때, 이렇게 대화를 시작했다. 어릴 때부터 보고 들은 말이니 어쩌면 나에게는 생각이 자라나기도 전부터 당연한 인사였다.

신기하게도 어릴 적부터 들어온 엄마의 음성을 그대로 재현한다. 문의전화든, 거래처에 업무용 전화든 엄마가 건네던 인사를 나 또한 상대방에게 건네며 통화를 시작한다. 그러나 이게 당연하지 않다는 것을 나는 이십대 중반이 되면서부터 깨닫게 되었다. 두 가지 모습을 통해.

1

먼저는 내가 전화를 받게 되는 입장일 때였다.

잠깐 동안 작은 잡지사에서 경영지원 업무를 했다. 경영지원이 뭔지도 모르고 들어간 회사에서는 정말 많은 스콥의 업무를 시켰다. 그 중 하나는

CS였는데 전화 문의를 하는 사람들 중 나의 당연한 인사를 건네는 사람은 단 한 명도 없었다. 인사는 커녕 하대하는 듯한 느낌을 풍기는 사람도 많았다. 무턱대고 질문부터 하는 사람은 감사한 수준이었다.

예의없는 사람을 꼽자면 셀 수 없겠지만 그 중에서도 내가 꼽는 최악의 유형은 '돌려 까는 사람들'이다. 차라리 다른 사람들처럼 대놓고 욕을 하는 건 그 사람들이 수준이 그 정도겠거니 하고 참아 넘길 수 있다. (사실 손이 떨리긴 한다.) 그런데 이 유형은 다르다. 욕은 사치요, 반말은 허세다. 꼬박꼬박 존댓말은 쓰는데 은근히 돌려서 하대를 한다. 자기 말을 못 알아듣는 걸 보니 수준이 안 맞아서 그러냐느니 (계속해서 없는 제품을 요구했다), 그 쪽을 무시하는 건 아니지만 말대꾸 하지 말고 내 말대로 해줬으면 좋겠다느니(말대꾸는 커녕 제가 답변해 드려도 될까요만 여러 번 했다) 목소리는 온갖 교양 있는 척 하면서 내용은 불손한 사람들. 심지어 말하고 있는데 끊어버리는 사람들도 있다.

 이제는 전화벨만 울리면 경기를 일으킬 것 같다. 내 언행이 회사 이미지가 될 수 있으니까 성격대로 할 말 못하는 것도 화나는데, 그런 말을 들으면 목구멍이 턱 막히는 기분이다. 무뎌질 법도 한데 자꾸 눈물이 난다. 전화벨 소리에 트라우마가 생길 지경이다.

 살면서 어떤 모르는 사람도 이렇게 대한 적 없는데, 왜 나는 이런 대접을 받고 있는가에 대해 매일 고민했다. 그런데 자꾸 나를 문제삼는 자신을 발견하고는 일의 본질에 대해 끝없는 생각이 펼쳐져 슬펐던 적도 있다. '세상은 넓고 또라이는 많으니까'라는 위로를 되뇌이지만 속이 상해버린 건 어쩔 수 없다.

2

 나의 인사가 당연하지 않다는 것을 깨닫게 된 두 번째 모습은 더 속상하다. 내가 전화를 걸 때.

성인이 되고 스스로 찾아볼 것들이 많아지면서 문의 전화는 나에게 빼놓을 수 없는 해결책이 되었다. 그리고 어김없이 인사를 건네면, 상담원 분들은 하나같이 '아, 고맙습니다.' 라고 하시는데 그게 전화상으로 직접 듣지 않으면 모른다. 작은 인사치레일 뿐이었는데 정말로 고마워하는 게 느껴져서 민망한 적도 있었다.

어찌되었든 그 분들이 고마워하면 할수록 더 진심을 담아서 인사하고, 더 친절하게 묻게 된다. 그럼 돌아오는 답도 역시 곱다. 얼마나 좋아. (오늘은 '늦었지만 새해 복 많이 받으시길 바란다'라는 말도 들었다.)

중요한 건, 이게 사람과 사람 사이에서 당연한 모습이라는 거다. 누가 갑이고 을이고 이런 게 어디있나. 사원증 벗고 밖에 나가면 다 똑같은 사람이고, 다 먹고 살자고 일하는 입장이면서 왜 본인이 우위라고 생각하는지 도저히 모를 일이다. 살면서 내가 항상 고객일 수도 없고, 언제든 누구든 입장이 바뀔 수 있는데 말이다.

 인사만 건네도 제공 받는 서비스의 품격이 높아질 수 있다. 베네핏을 논하면서 인사의 중요성을 이야기하고 싶진 않지만 당연하게 생각했던 것들이 당연하지 않은 현상을 접하면서 씁쓸한 설득이 필요하다고 느낀다.

 하지만 인사를 건네다 보면 우리네 삶에서 달라지는 건 비단 그뿐만이 아닐 것임을 확신한다.

(2018년 3월)

어느 밤의 고백

노트북을 펼쳤다 닫았다를 반복한다.

글을 쓴다는 것은 숨기고 싶은 치부와 비밀스러운 속내를 마주해야 한다는 점에서 나에게 실로 용기가 필요한 일임을 실감하는 중이다.

최근에는 글을 쓰지 않았다. 쓰기 싫었다. 쓰려면 나를 마주해야 하고, 부딪혀야 하는데 도망치고 싶었다. 모든 고민과 현실을 회피하고 싶었다. 아주 가끔은 누군가에게 고민을 털어놓고 싶기도 했다. 그러나 그것도 잠시, 스스로 감당해 내기 전에는 남에게 의지하지 않는다는 입장으로 돌아간다. 어차피 인생은 내 몫이고, 의지하는 것이 능사가 아니다. 해결되지도 않을 뿐더러 입밖으로 뱉는 순간 진짜 문제가 되는 게 무섭기도 하다.

제일 피하고 싶은 이유는 내가 기운 빠지는 소리를 하면 듣는 사람도 기운이 빠진다는 것이다. 부정적인 감정이 얼마나 빠르게 전이되는지 잘 안다. 소중한 시간을 이런 분위기로 소비하고 싶지도 않고, 어차피 지나갈 순간의 감정을 서툰 단어로 꺼내서 오해를 부르거나 집으로 돌아가는 길, 후회에 휩싸이고 싶지도 않다.

그런 탓에 끊임없이 스스로를 몰아세웠다. 내 진짜 마음을 들여다 보려 하지 않았고, 힘들지 않다고 스스로 세뇌하고, 누구나 힘든데 내가 유난한 것이라고 외면했다. 하지만 그렇게 나를 가둘수록 겁이 많아지는 것을 느끼며 더 움츠러들기 전에 나와 마주할 필요가 있다는 생각을 했다.

내일은 눈을 뜨는 순간부터 좋아하는 것들로 하루를 채워야겠다. 어떤 고민이나 걱정도 없었으면 좋겠지만, 그러지 못한다면 차라리 그게 내가 좋아하는 하루의 일부가 될 수 있도록.

(2017년 12월)

매주 일요일

일요일 밤이면 어김없이 일찍 자리에 눕지만 바로 잠에 들지 못한다. 어차피 시간은 흐르는데 내일이 오지 않았으면 좋겠다는 이뤄지지도 않을 희망을 또 품는다. 얼른 내일이 왔으면 좋겠다는 생각을 해본 게 언제일까? 수학여행 전날, 첫 데이트를 앞둔 날. 오래도 됐다. 그러다가 조심스럽게 그만 둘까 생각도 해본다. 아직 무서운 것을 보니 용기가 나지 않나 보다.

그만 둔다는 말을 하면 받게 될 예상 질문이 있다.

– 그럼 이제 뭐하게?

그러면 꼭 계획이 있어야 그만 둘 수 있는 거냐고 묻지도 않은 질문에 혼자 괜히 뿔이 나서는 답을 한다. 계획 없는 결정 뒤에 따르는 행운이나 행복이 길지 않을 수 있고, 그런 현실에 후회할 지도 모른다는 것을 안다. 그러나 그런 질문이 모여 끊임없이 선택을 의심하게 만들고, 조급함을 느끼게

하는 탓에 사람들은 선택에 대한 압박과 두려움에서 벗어나지 못하고, 새로운 것을 접할 기회를 상실한다.

결국 당장 계획이 없더라도, 뭘 하고 있지 않더라도 괜찮다고 말해줄 수 있는 건 자기 자신 뿐이다. 그러기 위해서는 자기 확신이 있어야 하지만 자기 확신을 가지는 것도, 실제로 우리가 놓인 상황에서 자기 확신만으로 결정을 내리는 것도 어느 것 하나 쉽지가 않다.

퇴사하겠다는 말에 이어질 수많은 예상 질문에 대해 대답할 의욕이 나지 않아 오늘도 침묵한다. 매일 좁은 목구멍에서 맴도는 말들을 내뱉는 상상을 한다. 상상을 끝내면 지금 당장이 싫으면서도 오지도 않은 미래를 위해 버티는 나를 마주한다. 괴롭지만 괴롭다는 이유만으로 현재를 버릴 수 있는 용기가, 아직 나에게 없다는 걸 오늘도 깨닫는다.

사실 괴로움은 행복과 공존할 수 없는 감정인데도. 삶은 행복해야 하는 건데도.

(2018년 3월)

교훈

실패했던 첫 회사 생활에서, 혼자 후회하고 슬퍼했던 시간 속에서, 따뜻했던 아르바이트에서, 그리고 수없이 드나들던 도서관에서 많은 교훈을 얻었다.

· 내가 경험한 것이 다가 아님을 알고, 매사에 열린 태도를 가지고 쉽게 판단하지 말자.
· 보통의 경우, 내가 느끼는 것은 남도 느끼고 있으니 너무 나를 의심하지 말자.
· 세상에는 수많은 직업이 존재하지만 어떤 교육 과정에서도 알려주지 않는다. 그리고 우리가 직업을 얻고 나서야 서서히 보이기 시작한다.
· 내가 잘하는 것과 좋아하는 것을 알고, 이것을 구분할 수 있어야 한다.
· 좋아하는 게 없어지면 삶이 옅어진다.
· 선택은 언제나 끝이 아닌 과정이며, 선택이 쌓여 길이 되는 것이니 늘 멀리 보자.
· 부지런하게 사는 것은 나를 단단하게 만드는 가장 쉬운 방법이다.

• 친한 것과 별개로 내가 좋아하는 사람이 많으면 넉넉한 마음 씀씀이를 가지고 살아가는 데에 도움이 된다.

• 믿을 수 있는 친구를 옆에 두고, 가끔은 의지하자.

• 포기도 용기가 따르는 선택임을 명심하자.

(2019년 2월)

우리가 아니라
나의 불편함이었음을

— 궁금한 게 있는데, 요즘 많이들 페미니즘 말하잖아. 어떻게 생각해?

친구가 물었다. 똑똑한 친구들이 주변에 많은 덕에 알고는 있었지만 사고해 본 적이 없던 터라 막상 누군가에게 나의 입장이나 생각을 말하려니 자신이 없었다.

— 나도 잘은 모르지만, 양성평등에서 시작된 사상이고 그런 의미에서 공감하고 있어. 왜냐면...

우리는 왜 이런 인식이 생겨났는지 일상의 사례들로부터 이해해 보고자 했다. 일상에서 겪는 불편함들을 이야기하는 건 쉬웠다. 너무나 만연한 불편함이었고, 친구도 당연히 알 거라 생각했기 때문이다.

그러나 놀랍게도 친구는 전혀 몰랐다는 듯 공감을 하지 못했다. 오히려 내가 겪는다는 그 '불편함'에 대해 끊임없이 '남자가 이러이러한 거랑 뭐가 달라?' 혹은 '애초에 그러지 않았으면 되지 않나?' 와 같이 반론을 제기했다. 심지어 솔직하게는 페미니즘을 말하는 여성에 대해 부정적으로 생각한다고 했다. 그제서야 여태 이야기했던 일상의 불편함은 '우리'가 아니라 '나'의 불편함이었음을 알게 되었다.

그리고 어느 순간, 느껴버렸다. 아무리 설명해도 여자인 내가 당연하게 느껴온 불편함에 대해 완전한 체감이 불가능하다는 것을. 서로 다른 젠더라는 단 하나의 차이가 여지껏 친구와 내가 형성해 온 어떤 공감 체계를 허무하게 무너뜨린 느낌이었다.

집으로 돌아오는 그 날 밤, 분통이 터졌다. 다음 날에도, 그 다음 날에도. 나를 포함한 많은 여성이 겪고 있는 뿌리 깊은 차별과 남성이 무의식적으로 가졌던 것들에 대해 생각의 전환을 충분히 제공하지 못했다는 생각에 속상했고, 나의 부족함과 무지함에 화가 났다.

그 날 이후 나는 페미니즘 관련 서적들을 읽고 있다. 나조차도 의식하지 못했던 사회적 현상들과 역사 속에서 이어져 온 차별을 인지하게 된다. 살면서 무의식적으로 느꼈던 불편함의 뿌리 깊은 이유를 각성하고, 당연하게 여겨온 것들이 당연해서는 안된다는 생각으로 머릿 속을 메운다. 갈 길이 멀다.

(2018년 5월)

방향에 따른 속도와
속도에 따른 방향

사람은 안 변한다 라는 말이 있고,
누구나 다 변하지 라는 말도 있다.

모순되는 두 가지 말에 나는 모두 동의한다. 기질이 변할 순 없다고 생각하지만, 후천적인 환경과 노력으로 행동 양식이 바뀔 수는 있다고 생각하기 때문이다.

그렇다면 변하는 게 좋을까 한결같은 게 좋을까?
이전의 나는 단숨에 한결같은 게 좋다고 아니 옳다고 답했을 테지만 지금은 모르겠다. 내가 이야기하는 '변하다'는 단순히 바뀌다를 넘어 성장의 의미를 담은 '나아가다'에 가까운데, 점점 더 빠르게 변하는 세상을 미루어 보아 환경의 변화에 사람들이 적응하는 것 또는 적응하려 노력하는 것이 당연해 보이기 때문이다.

매년 트렌드 능력 고사까지 나오며 트렌드에 발맞추는 것이 곧 능력이라 외치는 사회의 치열함 속에서, 발맞추지 못하면 트렌디하지 않은 사람이 되고 이는 마치 무능한 사람으로 비쳐 도태되기 쉽다. 그런 기분은 사람을 조급하게 만든다. 계속해서 더 새로운 무언가를 찾으려 하고, 남들을 살피고, 또 비교하고.

그러다 보면 다른 사람들이 생각하고 행동하는 것과 '다른' 것에 대해 오해하기도 쉬워진다. 다름을 '틀림'으로 받아들이는 사회적 현상의 오류는 이러한 흐름 속에서 발생하는 것일지도 모르겠다.

그러나 변하는 세상에 나를 맞추는 것은 해답이지 정답은 아니다. 누군가는 세상을 나에게 맞추고, 다른 누군가는 나만의 세상을 만들기도, 또 다른 누군가는 무시하기도 한다.

변하는 것이 방향에 따라 자신의 속도를 맞추는 것이라면 한결같다는 건 자신의 속도에 따라 방향을 맞추는 것이라고 나는 생각한다.

결국 핵심은 속도와 방향에 대해 내가 주도권을

가지고 살아가고 있냐가 아닐까?

 나에게 맞는 속도와 방향을 분별하고, 순간에 할 수 있는 최선을 택하는 용기로 모순적인 세상을 씩씩하게 살아가는 것이 좋다고 답하고 싶다.

(2017년 7월)

언젠가 내가
바라고 원했던

일을 그만 둔 후 일주일 정도 여행을 했다. 몸을 움직여야만 자책이 지배하는 시간을 줄일 수 있어서 걷고 걷고 걸었다. 날씨가 좋아도, 좋지 않아도.
 퇴사를 했다는 사실이 마치 중도 포기처럼 느껴져서 스스로 중도 포기를 한 패배자라는 생각에 괴로운 날들이었다.

 무리를 했는지 움직일 수 없이 몸살이 났던 어느 날, 하는 수 없이 모든 일정을 접고 숙소에 들어가 누웠다. 분명 몸은 뜨겁게 이상 신호를 보내는데도 쉽사리 잠이 오지 않았다. 몇 분 동안 누운 채로 눈만 꿈뻑거리는데 이불에 스민 햇살이 보였다.

 빛이 참 예쁘다-하고 바라보는데 몸이 안 좋을 때 집에 와 누울 수 있는 자유에 마음이 한결 풀어졌다.

 지금 누리고 있는 것들이 언젠가의 내가 바라고 원했던 것임을 떠올리면 현재를 버티고 앞으로 나아가는 데에 도움이 된다. 피식 한 번 웃고 그래 그랬지 하며 갈 길 가는 거다.

(2018년 4월)

도망

갑자기 문득, 일상을 끝내고 날이 따뜻한 날 홀로 농촌에 내려가 일을 하고 싶다는 생각을 했다. 밭이든 논이든 과수원이든 뭐든 잠시 조용한 곳에서 생활하고 싶다.

낮에는 열심히 일을 하여 먹고 살만큼의 돈을 벌고, 매일 저녁에는 나를 쉬게 하며, 음악을 틀고 별을 바라보다 잠들 수 있는 하루면 참 좋겠다.

시작되지 않은 내일을 부정하거나 걱정하지 않고 살면서 마음 편안한 일상을 잠시 영위하고 싶다. 오늘 밤은 더욱이.

(2018년 3월)

세상이 편리해질 수록
편안함과 멀어진다

혼자 유럽 여행을 하던 때, 휴대폰 로밍도 없이 종이 지도 한 장 달랑 들고 다녔던 걸 이야기하면 다들 놀란다. 대단하다는 말을 하지만, 혹자는 '요즘같은 시대에 고생을 사서 하는 너도 참 특이하다' 라는 뉘앙스를 풍길 때도 있다. 효율적이지도 않은 데다 불편하기까지 하다는 걸 모르지 않지만 그럼에도 불구하고 이게 더 '편안'하다.

나에게 편리와 편안은 다르다. 맛집으로 소문난 곳을 조사해 가는 건 실패할 확률이 적고 편리하다. 그렇지만 때마다 걷고 있는 도시의 느낌과 분위기에 맞춰 레스토랑을 직접 선택할 때의 나는 편안하다.

오롯이 내 선택이라 시도와 모험이 되고, 성공하면 새로운 맛집을 발굴한 셈이 되고 실패하면 그 나름대로 시행착오로 넘기면 그뿐이니까. 성공하든 실패하든 '내가' 한 결정은 스스로에게 피가 되고 살이 된다. 편리는 날 똑똑하게 살아가게 하겠지만, 편안은 날 행복하게 살아가게 한다.

요즘은 여행 다닐 때와는 달리 편리한 생활을 하고 있다. 1분 1초가 아쉬운 취업준비를 하느라 그런걸까. 그래서 불안하다. 휴대폰으로 지도앱을 켜서 가장 빠른 경로를 찾고, 온라인에서 문제집 요약본을 찾아 공부하며 효율을 챙긴다. 매일 다니는 길에 뭐가 있는지, 문제집에 있는 핵심 아닌 내용들은 어떤 게 있는지 모르고 관심도 없다. 다리가 감을 익혀 이쯤 되면 우회전, 이쯤 되면 좌회전을 외울 뿐.

여행할 적의 나는 어딜 가든 살아남을 수 있고, 해낼 수 있으며 결국엔 잘 될 것이다라는 모험심과 자신감으로 가득했다. 그야말로 영혼이 풍요로워서 '살아가는' 느낌. 다만 내가 지금 할 수 있는 것은 '살아지는' 중이 아니라 '살아가기' 위해 앞으로를 준비하는 과정일 뿐이라 최선을 다해 믿을 뿐이다.

(2017년 8월)

취업 준비

잠깐 휴식할 겸 도서관 건물에서 나와 오랜만에 파란 하늘을 올려다 봤다. 이 시간대에 밖에 나가 있는 일이 거의 없거니와 요즘 들어 연이어 비가 왔던 탓에.

맑은 날씨엔 기분이 좋아지곤 하는데 오늘은 뭔가 서글펐다. 매일 마음에 심는 억지 희망과 낙관의 씨앗으로 잘 절약하면서 준비하는 나의 모습에 만족하려고 했는데 오늘은 그 씨앗이 잘 심어지지가 않는다. 이런 기분이 한 번에 밀려오는 것은 오랜만에 하고 싶은 게 생겼는데 못하는 상황을 또 한 번 인지했기 때문이다.

특별한 걸 하고 싶은 건 아니다. 그냥… 가고 싶은 곳도 많고, 먹고 싶은 거, 입고 싶은 거, 하고 싶은 게 너무 많다. 원래도 많았지만 한동안 잘 참아왔다. 내가 좀 덜 쓰고 사람도 덜 만나면 지금의 생활을 충분히 지속할 수 있다. 그럼에도 불구하고 모처럼 참는 게 쉽지 않은 일이 생겼는데, 또 현실 생각하느라 뒷전으로 미뤘더니 참아온 것들이 파도처럼 밀려와 아쉬움이 곱절은 된다.

그러나 지금, 웬일인지 한 순간에 정리가 되는 기분이 들었다. 하고 싶은 일이라는 게 사실은 너무 일상적인 것이라 글에 적기에도 충분 분수에 맞지 않다거나 과하다는 생각을 하고 싶지는 않다. 다만, 지금 나는 가까스로 나의 첫 퇴사가 포기가 아닌 선택이라는 것을 받아들이게 되었고, 취업을 할 때까지 금전적으로나 시간적으로나 절약하기로 마음 먹었기 때문에 무리하지 않아야 한다는 것을 안다.

이렇게 한 발 양보하고, 한 번 더 참고 하다보면 언젠가는 내가 원하는 걸 얽매이지 않고 할 수 있지 않을까? 의문은 잠시 접어두기로 한다. 다시 현실을 마주하자. 정신 똑바로 차리는 거야, 이 각박한 세상 속에서!

(2018년 6월)

Dear. Somebody

한 우물만 파기에는 많은 것을 걸어야 하는 혹은 다른 하나는 포기해야 하는 현실에 살고 있다. 열정의 크기를 논하거나, 끈기의 정도를 따지기에는 너무 다른 길들을, 다른 무게로 걸어가고 있다.

힘내라는 말을 뱉으려다 이내 삼킨다.
대신 내가 힘을 내야겠다.

그래서 어느 날에 길을 걷다 너를 만나면, 그냥 꽉 한 번 안아주고 힘차게 등을 두드리며 다시 한 번 각자 걸어가 보자고 이야기 해주고 싶다.

(2017년 11월)

스키야키 집에서

― 그러게, 어차피 80년 후엔 나 죽고 없을 텐데.

어쩌다 이런 말을 뱉고는 순간적으로 내가 지금 존재하는 장면이 광각으로 압축되어 보였다.

시간이 흘러 낡아 없어졌거나 바뀌었을 이 곳도, 기억에 의지할 따름인 이 순간도, 주름졌거나 혹은 부재할 나까지.

분명 웃으며 이야기했던 말이지만 이 모든 나의 세계가 언젠가 시간 속에서 흐릿해질 거라 생각하니 묘하게 나의 죽음이 슬퍼졌다.

(2022년 10월)

우물

어릴 적 아빠가 깨우는 소리가 들리고, 눈을 떠 차에서 내리면 늘 보이는 풍경.

 여직 고층 빌딩이 하나 없는 동네라 푸른 하늘 아래로 저멀리 산이 보이고, 여기 내 발 아래부터 저어기 산까지 드넓게 펼쳐진 땅. 시선을 옆으로 옮기면 마을 회관에 드는 볕을 다 감쌀 만큼 큰 나무가 있었고, 더 옮기면 덩굴이 멋드러지게 쳐진 담이 둘러싸고 있는 외할머니 집이 있었고, 그 끝에는 내 키만한 우물이 가득 차있었다.

 우리가 도착할 즈음 외할머니집은 보통 비어 있었다. 어린 마음에 그게 늘 서운하고 속상했다. 할머니가 없어서가 아니라, 다른 가족들이 없어서. 사촌들이랑 놀고 싶고, 이모 삼촌들이 보고 싶었는데 우린 매번 늦었다.

 명절 끝자락에 아들자식들을 다 보내고 할머니가 읍내나 교회에 가셨을 때에야 우리는 도착했고, 집으로 출발해야 할 즈음에야 할머니가 돌아

오셨다. 숨가쁘게 온 할머니는 헤어질 때 늘 내 손을 잡고 건강과 행복을 빌었더랬다.

올해 설이 왔고, 우리는 처음으로 늦지 않았다.

도착했을 때 온 가족이 있었다. 할머니만 빼고. 할머니한테 미안하지만 내심 반가웠다.

내 마음을 들은 걸까.
그게 아니면 엄마 마음을 들은 걸까.

뭐가 됐든 할머니는 이제 정말로 우리 마음을 들을 수 있게 되어 버렸다. 눈부시게 맑은 날, 마지막으로 본 할머니댁 우물은 텅 비어 있었다.

(2022년 2월)

외할머니,

저는 무사하고, 건강하고, 행복해요.
좋아하는 사람은... 아직 잘 모르겠어요 하하.

가끔 버스 타고 집에 가는 길이면
할머니랑 통화하던 그 날이 많이 그리워요.

잘 계시죠?

어른

- *네가 아직 어려서 그래.*

자주 들어왔고 어쩌면 나도 누군가를 보면서 그런 생각을 한 적이 있을지도 모른다. 그러나 누군가의 행동이 비단 나이로만 판단할 수 있는 것은 아니라는 생각이 든다.

대신 경험의 유무가 있다. 나이가 많아서 경험의 양이 많을 수는 있어도 나이가 많다는 이유만으로 모든 것을 안다는 판단은 절대적인 기준일 수 없고 위험한 오류다. 나이가 들었어도 경험이 없는 사람이 있고, 어려도 경험이 많은 사람이 있다.

적어도 내가 아는 '어른'은 자신의 경험이 세상 전부를 대변하지 못한다는 것을 아는 겸손함과 새로운 것에 대해 열린 마음으로 받아들이는 우아함을 가진다.

(2017년 4월)

어른(2)

힘든 마음에 아빠한테 전화한 적이 있다. 그 때 아빠는 남들도 다 그렇게 산다고 했다. 나는 그 말이 너무 서운해서 앞으로 절대 투정 부리지 않겠다고 다짐했지만서도 틀린 말이 아니라는 생각이 들었다.

이후 힘들 때마다 그 말을 떠올리며 참았다.

주변 어른들도 비슷했다. 조금만 더 버티라고. 버티다 보면 나아진다고. 달리 반박할 생각은 없다. 버티면 언제나 나아졌다. 적응했고, 일상이 되었으니까.

그런데 정말 나아진 걸까. 아님 무뎌진 걸까.

어른들은 박힌 굳은살 때문에 베이지 않았다고 착각하며 사는 걸지도 모르겠다.

(2018년 2월)

취업 준비(2)

새 시작하기로 크게 마음 먹은 첫 날. 하늘도 파랗고, 이만하면 날도 적당히 따뜻하다. 나쁘지 않은 기분도 시작을 응원하는 데에 한 몫한다. 현실을 원망하지 않고, 다시 계획을 세우고 나아가기로 한다.

그렇게 야무지게 가방을 챙겨서 나가려고 신발을 신는 순간, 조마조마한 감정의 파도가 예고도 없이 거세게 일었다. 도무지 제어되지 않는 마음에 나는 잠식 당했고 그대로 주저앉고 말았다. 얼마나 앉아 있었을까. 어둑어둑 해질 무렵에야 일어나 정신을 차린다. 아르바이트를 하면서 조금씩 원래의 내가 회복되고 있다고 생각했는데, 오래지 않는다. 며칠 전에는 그냥 다 정리하고 집에 내려가고 싶었는데 지금은 그마저도 아니다. 집이 아니라 나를 정리하고 싶다. 사람들이 떠오른다. 다들 목에 거는 사원증만큼의 노력을 했겠지 생각하다 보면, 결국 패배감이 내 속을 가득 메운다.

각자만이 감내하고 있는 무게가 있을 텐데, 올해는 괜시리 내 무게가 유독 더한 것처럼 느껴진다. 연말이 되어 한 해를 돌아보는 순간을 미리 그려본다. 제발 이렇게 말할 수 있었으면 좋겠다. '올해는 참 힘겨웠었다.'라고.

순간마다 덮쳐오는 아득한 파도를 더는 버틸 자신이 없다. 내일 눈을 뜨면 그저 고요하고 평온한 햇살만이 깃들기를 간절히 바란다.

(2018년 7월)

취업 준비(3)

벌써 8월. 이 정도면 살 만하다고 생각되는 낮. 따뜻하다. 여러 모로. 올해는 첫 날부터 참 많은 일이 있었다. 괜찮다, 이제 다시 행복해질 거다 했지만 어쩌면 나는 생각하는 것 이상으로 다쳤을지도 모르겠다. 불쑥 불쑥 찾아오는 우울감과 사라지고 만 의욕, 회복되지 않는 자존감은 시도 때도 없이 눈물로 흘렸다. 살면서 이렇게 오랫동안 얌전하고 어두웠던 적이 있었던가.

며칠째 잠을 자지 못했다. 자려고 누우면 희망도 기대도 없이 흘러갈 내일만이 머리를 휩싸고 돈다. 그렇게 눈을 감은 채 멍하니 어둠을 지새운다. 이렇게 의미 없는 일상에서 그나마 사람처럼 있는 시간이 있다면 아르바이트에서인데, 일한 지는 두세 달 즈음 되었다. 이 곳 사람들에게 고맙고 또 고맙다. 처음 해보는 일이라 손이 빠르지도, 그렇다고 살갑지도 않던 나에게 늘 먼저 안부를 묻고 챙겨준다. 어느 날에는 입맛이 없어 식사를 잘 하지 않는 나에게 밥을 해주기도 하고, 내가 맛있다고 했던 밀크티를 기억했다가 밀크티맛 케이크를 만들어 준 적도 있다.

 그들의 관심 어린 보살핌이 지금의 나한테는 비오는 날의 손수건이고, 밤바다의 가로등이다. 덕분에 조금씩 밖으로 나오는 게 무섭지 않고, 햇살이 슬프지 않다. 서서히 말 수도 느는 것을 깨달으며 이 곳을 떠나도 평생 정성 어린 마음을 잊지 말아야지 다짐한다.

 그러다가도 마치고 집에 가는 버스를 기다릴 때면 다시 또 고개를 내미는 공허함에 하늘을 본다. 동 틀 즈음부터 시작하는 아르바이트라 끝나면 하늘이 가장 새파랗게 보일 때인데, 그러면 이내 건물마다 점심 먹으러 우후죽순 무리지어 나오는 사람들이 보인다. 그 순간, 바삐 움직이는 세상 속에서 나만 멈춰있는 기분을 느낀다. 목에 걸려 있는 형형색색 사원증이 어떤 메달보다 부럽다. 8월인데 목이 춥다.

(2018년 8월)

플랑크톤이 말했다

노을 사이로 거대한 잠수함이 보인다. 거기서는 우리가 다 보이겠지. 당신이 바라보는 수면 위의 세상은 어떤 모습일까. 나 살아있는 동안 당신의 잠수함보다 높이 떠오를 수 있을까. 여기 가라앉아만 있다가 죽기엔 영 아쉽다.

하지만 당신이 떠올라 있는 지금, 그저 아름다운 잠수함을 구경하는 것 말곤 여념이 없다. 그리고 당신은 모른다. 매일 이 시간 여기에 앉아 기다렸던 나를.

(2016년 8월)

매일매일
하고 싶은 일이 생긴다는 것

좋아하는 게 있다는 건 좋은 거에요.
좋아하는 게 없어지면
좋아하는 것만 없어지는 게 아니라
그냥 다 같이 사라져요.
　　　　　　－드라마 '인간실격' 중에서

01. 만드는 일

손재주가 좋은 편은 아니지만 뭔가 만드는 걸 좋아한다. 어릴 적에 가장 강렬한 두 가지 기억이 있다면 캐릭터의 옷을 입히는 일명 '코디 스티커'가 지겨워서 직접 캐릭터와 옷 아이템을 그리고 잘라 코팅한 뒤 스티커로 만들어 놀았던 것. 지금 생각하면 어떻게 그랬나 싶다.

다른 하나는 중학교 다닐 적 부모님 결혼기념일 선물로 포토북을 만든 기억인데, 장장 2주일 동안 포토샵을 붙잡고 씨름했다. 주말에는 10시간을 넘게 컴퓨터 앞에 앉아 밤을 새어가며 집중했던 기억이 아직도 선명하다. 그 때의 DNA가 왜 갑자기 지금 꿈틀거리는지 요즘은 뭘 또 만들어 볼까 기웃거리는 중이다.

02. 운동

일어나면 스트레칭으로 시작하고, 저녁엔 음악

들으며 혼자 걷는다. 몸을 움직이면 각성하게 된다. 얼마 전에는 요가를 시작했는데 정신이 맑아지고, 끝나고 나면 내가 해냈다는 일종의 성취감 같은 게 들어서 자기효능감이 높아진다. 덕분에 하루가 활력으로 가득하다.

그 외에도 러시아 횡단열차 타고 여행하기, 볼리비아 우유니 사막에서 오로라 보기, TV프로그램 '나 혼자 산다'에 출연하기, 라디오 DJ 해보기, 드라마 써보기 등 해 보고 싶은 것들이 자꾸 생겨나는 중이다.

하고 싶은 게 있으려면 의욕과 열정, 나에 대한 사랑이 있어야 하고, 그걸 해내기 위해서는 용기와 지혜, 끈기가 필요하다.

결과적으로 하고 싶은 일을 하는 것은 삶을 살아가게 하는 원동력이며, 하고 싶은 것이 있다는 것만으로도 우리는 살아갈 수 있음을 알 수 있다.

그러니 매일의 나에게 물어보자.
오늘은 어떤 것을 하고 싶은지.

(2017년 11월)

걷기

본가에 내려올 때마다 계절이 가득 느껴지는 동네 산책로를 꼭 한 번은 걷는다. 걷다 보면 나무에 핀 꽃들이 보이고, 파랗게 돋아난 잎들이 보인다.

그러면 나는 다시 한 번 '아, 진짜 봄이 왔구나' 하고 계절을 되새김질 한다. 걷는 만큼 계절은 내 것이 되고, 계절을 느끼는 만큼 살아간다.

(2020년 3월)

오늘 저녁 먹을래?

직장인이 되고부터는 회사 일로 늦는다는 사람에게 웬만해서는 화가 나지도, 원망스럽지도 않은 데다가 종종 측은한 마음까지 들지만 내 입장에서는 그런 양해까지도 부담스러울 때가 있다. 똑같이 주어진 시간 속에서 살아가는 와중에 내 시간이 중하면 다른 사람 시간도 중한 거니까, 누군가 나를 기다리는 데에 소중한 저녁을 쓴다는 건 퍽 불편하다.

그래서 바쁜 시즌에는 잔뜩 겁을 먹고 평일 약속을 다 빼둔다. 저녁 시간까지 온전히 확보를 해두지 않으면 충분히 고민할 시간이 없고, 그러면 발등에 떨어진 불 끄는 데에만 집중하다가 완성도도 만족도도 낮은 결과물로 일을 쳐내기 바쁠 테니까 말이다.

그러다가 가끔 운 좋은 날도 생긴다. 이를 테면 쉴 틈 없이 열심히 일하고, 시간 맞춰 퇴근할 수 있는 날. 회사 건물을 빠져 나오면 살갗에 화악 느껴지는 아직 더운 공기와 아직 해가 남아 붉게 타

오르는 하늘이 나를 반긴다. 절대 집으로 바로 갈 수 없다는 이상한 욕심이 차오른다. 그러나 이런 날엔 꼭꼭 약속도 없고, 운동도 없다.

 전의 나였다면 뭘 하고 싶은지 백 가지는 떠올릴 텐데, 언제부턴가 그저 간단히 저녁 먹으면서 도란도란 오늘은 어땠는지 대화 나눌 수 있다면 그걸로 충분할 텐데 싶다. 그런데 또 와중에 욕심은 많아서 아무에게나 저녁 시간을 내고 싶지는 않다는 생각이 들면 그 날 저녁은 이미 끝난 거다. 누구한테 전화를 걸어야 내 소중한 저녁 시간을 보내는 게 아깝지 않을까 생각하다가 식사 때를 놓치고 밤이 되기 일쑤이기 때문이다.

 이럴 때 가끔은 우연에 기대고 싶다.
 걸려온 전화 한 통에 달려가 버리고 말았던 그 날처럼.
 – 오늘 저녁 먹을래?

(2022년 9월)

꿈

민트색 대문, 곳곳에 벤치가 놓인 넓은 초록 정원. 저기에는 키 큰 느티나무가 한 그루 있고, 대문 앞 몇 계단을 오르면 보이는 넓고 큰 3층 단독주택. 내가 살 집.

 엄마한테 팔짱을 끼고 신이 나서 나는 그 집을 자랑하고 있었다. 그 때 엄마는 새 느티나무가 이렇게 자랐네. 죽은 나무는 집에 있으면 안되는데 그게 아니라 무럭무럭 자라 다행이라고 말했다.

 내가 살 동네는 북적이는 시장을 헤집고 쭉 들어가야 나오는데, 시장을 지나면 어느 새 길을 따라 울타리처럼 꼬불거리고 하얗게 칠한 문의 예쁜 카페들이 줄지어 있고, 테라스마다는 여유를 즐기는 사람들이 보인다. 어떻게 이렇게 다른 세상 같은 곳이 펼쳐지지? 역에서 얼마 안되는 것 같은데 막상 시간을 재면 그렇지도 않다. 교통편이 안 좋은 게 한 가지 흠이다 라는 생각을 하며 걷다 보니 나오는 나의 집.

정원을 지나는데 어떤 여자아이가 나한테 5개의 머리끈을 주며 저기 캐나다에서 온 남자에게 이렇게 말하라고 시켰다.

 −머리끈 중 이즈의 머릿결이 있다면 모두 주세요.

 절대 틀리지 말라고, 그럴 때마다 끈이 하나씩 사라진다고 겁을 줬으니 부탁이 아니라 시켰다는 표현이 맞다. 갑자기 나타난 여자아이의 기에 질문을 틀리지 않아야 한다는 압박감에 정신이 팔린 나는 신경쓰지 못했지만, 그 아이의 눈은 파란 색이었다. 그리고 아이와 함께 서있던 여성과 눈이 마주치는 순간 알았다. 단순히 외국인의 눈이 아니라 그냥 푸른 빛이라는 걸.

 고개를 돌려, 내가 말을 걸어야 하는 그 캐나다에서 왔다는 남자에게 다가갔다. 가까워질 수록 보이는 그 남자의 눈은 붉은 빛. 나는 멈칫했고, 그 남자와 나 사이에 있는 희미한 경계를 발견했다. 그는 그 경계를 넘어오지 않으면 나의 말을 들어줄 수 없으니 경계를 넘어오라고 했다.

그 순간, 내가 눈동자가 다른 이들 중 하나의 편에 서야만 한다는 것을 직감했지만 어떤 편에 서는 게 옳은지 판단이 서지 않았다. 그래서 찌질하게 손가락 하나만 그 경계 안에 집어넣으려는 찰나, 여자아이가 옆에 있던 여자에게 말했다.

―*애가 맞다는 소리 같은데.*

순식간에 아이는 남자를 향해 뭔가를 던졌고, 방어할 틈도 없이 남자는 온 몸에 금이 가더니 가루가 되어 공중으로 흩어졌다. 찰나의 일에 눈을 의심하는데 옆에 또 다른 붉은 남자가 나를 향해 또 뭔가를 던졌다. 그러자 푸른 눈 여자가 막아섰고, 그 여자는 자기가 가진 검으로 나의 팔에 작은 상처를 냈다. 세상에 이게 무슨 일이지. 상처를 시작으로 내 주위에 막이 생겼다. 결계같이 생긴 이 막은 나를 보호했다.

그렇게 그들의 싸움이 시작되었고, 나는 불현듯 집에 있던 엄마가 생각났다. 엄마는 밖에서 들리는 소리에 내게 달려오고 있었다. 그런데 내가 엄마를 부르던 찰나, 붉은 남자는 엄마를 가루로 만들어 버렸다. 눈 앞에서 희미해지는 엄마를 보며 울부짖는 나. 그 때부터 내가 서야 하는 편은 푸른 쪽이었다. 이제 옳고 그른 건 중요하지 않다. 한참을 절규하지만 여전히 할 수 있는 게 없어서 화가 나고 슬프다.

 그런데 엄마는 어떻게 알았을까. 처음 소개하는 내 집의 느티나무를.

(2018년 10월)

클래식

모순적이지만 화려한 것에 대한 동경이 있다. 반짝반짝한 것에 눈길이 가는 것은 어쩔 수 없다. '화려함'을 어떤 말로 내신할 수 있을까 생각해 보았는데 지금 내가 말하고자 하는 화려함은 '유행'과 비슷하지 싶다.

유행은 사람들의 이목을 끌지만, 어제의 유행이 오늘의 구식이 되는 급변의 시대에 오래도록 화려하기란 쉽지가 않아 보인다. 잠깐 반짝하기에 더 빛나는 걸 수도 있지만 나는 종종 화려함이 가지는 시간의 유한함이 당혹스러웠다.

그러나 나이가 들면서 시간의 유한함에서 한 걸음 떨어져 생각할 줄 알게 되었고 전보다 화려함에 나를 이입해서 기대하는 경우도 줄었다. 이제는 화려함이 주는 잠시의 동경보다는 여전함이 주는 오래의 평화에 자주 마음이 간다.

여전한 사람. 여전한 물건. 여전한 공간. 여전한 스타일. 여전한 무엇. 오늘도 내일도 한결 같을 것을 아는 믿음, 그로부터 얻는 마음의 평화.
 '클래식은 영원하다'라는 말도 그래서 나온 말일까?

(2019년 5월)

밤이 아쉽다는 건

최근 들어 하루가 너무 짧다. 매일이 순식간에 지나간다. 뭐가 그렇게 바쁘냐고 물으면 딱히 대답할 거리도 없는데 일을 만들어 하는 편이라 그런지 이것저것 하다 보면 금세 잘 시간이 된다.

다가와 버린 밤이 아쉬울 때마다 내심 기분이 좋다. 밤이 아쉽다는 건, 오늘도 열심히 살았다는 거니까. 꽉 채운 하루들이 나를 채울 수록 더 단단한 사람이 되겠지.

(2017년 11월)

꿈에서 만난 사람들

가끔 이상하리만치 뜬금없는 사람들이 꿈에 나올 때가 있다. 이를 테면 10년 전쯤 스치듯 몇 번 만난 사이. 그 때 내가 좋아했고, 이제는 어딘가에서 자기 시간을 살고 있을 사람들. 한 번씩 소식을 수소문 해볼까 싶지만 이내 마음을 접는다. 구태여 물길을 바꾸지 않아도 이대로 꿈에서 종종 안부를 묻고, 눈 뜨면 안녕을 기도하는 것에 만족하기로 한다.

그래서 어느 날엔가 마주친다면 안녕했냐고, 내가 종종 기도했다고 반갑게 말해주고 싶다.

(2018년 4월)

기분이 태도가 되지 않는다

종종 가는 카페에서 펼친 책에는 이런 문구가 있었다.

'기분이 태도가 되어서는 안 된다.'

처음 보는 말도 아니었는데 이상하게 활자로 접하면 기억에 길게 남는 탓에 이후부터 자꾸 나를 검열하곤 했다. 지금 나의 태도는 기분일까 하는 물음표를 가지며.

태도는 어떤 것을 대하는 입장이나 마음가짐이라고 한다. 살면서 숱한 경험을 통해 깨닫고 배우며 점차 형성되는 내면의 자세일 텐데, 기분에 따라 달라진다면 내면은 얼마나 뿌리 약한 것일까. 우리는 각자 자신의 세계 안에서 제각각의 태도를 형성하며 살아간다. 그 안에서 서로를 보듬기도 밀어내기도 하며, 이는 우리가 공동체 안에서 뿌리내리고 자리잡게 만드는 것이 아닐까?

기분이 태도가 된다면 과연 뿌리 내릴 준비가

되었는지 고민해 볼 필요가 있다. 뿌리 없이 자라는 나무는 스치는 바람에도 흔들릴 테니 말이다.

(2018년 7월)

비 내리던 날

폭우가 쏟아지던 화요일 밤. 도서관에서 나왔을 때에야 비가 세차게 온다는 걸 알게 된 나는 우산이 없었다. 웬만한 상황에 미동이 없는 나는 자연스레 가방을 패딩 안으로 바꿔 메고, 모자를 뒤집어 쓰면서 폭우에 대응할 채비를 마쳤다.

조금이라도 덜 맞겠다고 뛰던 시절이 있었는데, 뛰지도 않고 걸으며 생각했다. 유럽 사람들은 왜 맨날 비를 태연히 맞고 다니는 걸까. 비에 젖으면 여러 모로 불편해 지는데. 얼굴을 때리는 빗줄기에 잠시 공중전화 부스에 들어가서 마스크를 고쳐 쓰며, 역시 불편하다고 생각했다. 그러고는 다시 횡단보도를 건너려는데, 갑자기 옆에서 누군가 외마디 말을 걸었다.

– 어, 저기요...!

뒤를 돌아보니 나한테 우산을 씌워주는 이 사람. 그러더니 비가 너무 많이 온다고, 같이 쓰자고 했다. 처음 보는 사람의 호의에 감격하면서도, 처음 겪는 낯설고 어색한 상황에 지나칠 정도로 밝게 감사를 전했다. 곧이어 나온 갈래길에서 헤어져야 했는데, 그 사람은 끝까지 나를 걱정했다. 이야기를 더 나누다가는 우산을 양보할 사람이라는 걸 직감적으로 느낀 나는 급하게 인사 후 집까지 달려가는 척을 했고, 그 사람의 시야에 내가 보이지 않을 때쯤 다시 태연하게 걸으며 내내 미소지었다.

 누군가에게 저렇게 선뜻 옆을 내어줄 수 있으려면 어떤 마음을 가지고 있어야 할까.

(2019년 2월)

여름

오랜만에 긴 글을 주저리 주저리 썼다가 영 쑥스러워 기껏 쓴 걸 다 지워버렸다. 날이 갈수록 생각을 내비치는 것, 말을 내뱉는 것이 조심스럽다. 조심스럽기만 하면 좋을 텐데 부끄러워 문제다. 메마르고 싶지 않은데 메말라 가고 있다.

현상이나 경험을 기록하는 것 말고, 마음에 둥둥 떠다니는 단상을 오래도록 놓치고 싶지 않다. 부유하는 단상들을 쏟아내듯 적고 나면 선선한 그늘 아래 평상에 누워 한동안 못 잤던 깊은 잠에 빠지고, 솔솔 바람이 내 머리칼을 쓸어 넘긴다.

(2022년 6월)

그 때도 좋고
지금도 좋은

누가 가르쳐주지 않았건만 전보다 더 많은 사람들과 더 많은 대화를 나눌 줄 알게 되었고, 그 속에서 더 많은 것을 이해하고, 받아들인다. 스무 살의 나는 스물 네 살의 나를 만나면 여러 면에서 깜짝 놀랄 지도 모른다.

그러나 언제의 내가 더 좋다고 단언할 수 없다. 오히려 앞으로 더 많은 대화와 이해로 세상을 그리 대단히 받아들이지 않을 내가 두려울 때도 있다.

하지만 그 땐 그 때의 최선으로, 지금은 지금의 최선으로 살아가면 되고, 그런 나를 있는 그대로 사랑하려 한다. 그러고 보니 이 결말이 현재의 내가 좋은 이유가 될 수도 있겠다.

(2016년 10월)

모래성 케이크

서른 번째 8월, 양양에서의 일이다.

예상 밖의 추위가 찾아온 새벽녘, 우린 바닷가였고 운 좋게 서퍼들의 모닥불을 함께 쬐었다. 어찌나 따뜻하던지 나른해진 몸과 함께 넋을 놓아 버렸고 몇 마디 붙이던 주변도 이내 조용해졌다. 멍하니 불을 보는데 불현듯 올해가 스쳐 지나가면서 누구에게도 말 못할 감정이 파도쳤다. 불쑥불쑥 고개를 내밀어 나를 옭아매는 공허함에 혼자 다른 세상인 듯 괴로웠다.

그렇게 몇 시간이 지났다. 옆에서 누군가 나를 톡톡 치며 그래도 일출은 보는 게 좋지 않겠냐며 등 뒤를 가리켰다. 뒤를 돌아 보니 온 세상이 보랏빛이다. 푸른 새벽이 아침에 섞인 고요한 바다. 가만히 바라보다가 옆 사람에게 말을 걸었다.

 -뭐 하나 말해도 돼요?
 -당연하지. 드디어 말을 하는 거야?
 -저 생일이에요. 그냥 갑자기 말하고 싶어서.

순간적인 감정에 취해 툭 꺼낸 생일.

그런데, 도란도란 모여있던 사람들이 모래를 쌓아 모래성 케이크를 만들고 생일 축하 노래를 불러줬다. 수평선이 없는 세계를 배경으로 몽롱한 모닥불 앞에 놓인 나의 서른 번째 생일 케이크.

얼마 전 더이상 8월이 들뜨지 않는다는 나의 말에, 친구는 뭐든 서른 번 하면 무뎌지지-라고 했었다. 나는 끄덕였고, 해답을 찾았다고 여겼다. 그런데 처음 만난 낯선 사람들의 모래성 케이크는 나를 무너뜨렸고 해답도 앗아갔다.

(2022년 8월)

HER

잠들기 전 루틴 중 하나는 날씨를 체크하는 것이다. 내일이 맑은지 흐린지, 최저 기온은 몇 도인지, 일교차는 얼마나 되는지, 미세먼지는 어떤지. 그럼 나는 '내일은 겉옷을 덜 입어도 되겠구나, 하얀 신발은 신지 말아야지, 마스크는 챙겨보자' 식의 생각을 한다.

올 봄은 비가 많아서 햇살이 귀하다. 그래서인지 아직 겨울을 벗어나지 못한 것 같다. 사실은 다시 겨울이 오는 기분이 들어 영 기운을 못 낸다. 괜찮지만 이내 무력하고, 결단하지만 곧 망설인다.

포근한 척 하지만 시린 한기에 흠칫하기를 반복하다 귀한 오늘이 왔다. 해가 얼마나 쨍쨍한지 창가에 부서질듯 내리쬐었다. 가만히 예고 없던 맑음을 바라보다가 생각했다.

이렇게 맑은 날은 확실하게 예고해 주면 얼마나 좋아? 이 날은 선물이 올 거니까 아프지도, 일하지도 말고 나가 놀라고. 별 게 다 심통나는 걸 보니 방전이 되었나 보다. 변함없이 Siri에게 기대는 밤.

(2023년 4월)

부다페스트에서

부다페스트의 국회의사당 전면이 바라다 보이는 강 위에서 노을을 바라본다. 보랏빛 하늘은 차마 싣지 못한 나의 모든 사랑을 부어놓은 듯 영롱하고, 선선하게 불어오는 3월의 봄바람은 온 마음의 평온이 스민 것처럼 부드럽다.

세상에는 아름다운 장면이 너무 많아서 다 보기엔 인생이 너무 짧은 것 같다. 그러다 문득, 삶은 사랑만 하기에도 짧다던 엄마 말이 생각났다.

(2017년 3월)

디테일

시간이 갈수록 음식을 먹을 때 'Serve'에 값을 지불하게 된다. 단순히 맛있는 음식을 찾는 게 아니라, 그 음식을 온전히 즐길 수 있도록 '얼마나 잘 내어주냐'에 초점을 두는.

디테일이 급을 나눈다는 생각과 비슷한 선상의 이야기인데, 그런 의미에서 디테일을 잘 살피고 발견할 줄 아는 안목을 기르는 것은 즐거움을 보다 만끽하기 위한 소양이 아닐까 싶다.

(2022년 4월)

내가 서점에 가는 이유

하나. 책을 대하는 기준이 뚜렷해진다.

기준에는 객관적인 지표가 여럿 있지만, 사실 '시간'과 '돈'을 소비하는 행위에는 결국 취향이 반영될 수밖에 없다. 그리고 나의 취향은 깊숙이 그리고 조용히 꽂혀있는 책의 탐색 과정에서 발견되기도 한다. 디자인, 제목, 소개글, 그리고 어쩌다 펼친 페이지에서 만나는 문장까지도 기준이 되곤 한다.

둘. 사람들의 생각이 보인다.

베스트셀러는 물론이고, 사람들이 많이 서성이는 섹션, 많이 펼친 흔적이 담긴 책, 도서 검색 결과는 많은 것을 보여준다. 오늘 보니 자신에 대해 알고 싶거나 그런 고찰을 끝내고 플랜 B를 준비하는 현대인을 위한 산물이 인기다. 덕분에 주말에 고민해 봄직한 키워드가 몇 개 늘었다.

셋. 눈이 즐겁다.

언젠가 책을 쓰고 싶다는 생각을 하니 표지나 내지 디자인을 구경하고 고르는 과정이 너무 흥미롭다. 이상하게 마음이 쿵쿵 뛰고 뇌에 피가 돌고, 당장 바닥에 앉아 나도 이렇게 만들어 봐야겠다 싶은 게, 다 죽었다고 생각한 열정의 불씨가 아직 꺼지지 않은 듯하다. 그래서 서점에 다녀오면 늘 얼굴엔 생기가 돌고, 사진첩에는 책 표지들이 가득하다.

취향별/주제별 큐레이팅이 점점 고도화되는 요즘, 나는 쉽고 편하게 도움을 얻는 독자이자 소비자이지만서도 발품 팔아서 보석같은 책을 발견했을 때의 기쁨은 어쩐지 놓칠 수 없을 만큼 짜릿하다.

(2021년 2월)

A Scene Of Winter

좋았던 어떤 날에는 잊을 수 없는 장면들이 있다. 아직 선명한 한겨울의 장면은 이러하였다.

춥지만 노오란 조명으로 온기가 가득 찬 좁은 골목, 곳곳에서 나오는 사람들, 도란도란 대화소리, 흘러나오는 재즈, 어색하지만 깨끗한 공기까지. 오랜만에 느끼는 겨울다운 겨울. 그 겨울날의 하이라이트는 그 날의 대화였다. 정확히는 대화에 지워져버린 선.

그와 나는 너무 달랐고 우리는 잘 맞지 않는다고 생각했었다. 그래서 내 이야기를 아꼈고, 그의 이야기를 묻기도 주저했다. 섣불리 대화를 잇지 않는 나에게 그는 끊임없이 다양한 질문을 했고, 그걸 느끼면서 내심 미안한 마음도 들었다. 진정성 없이도 대화하는 기술이 모자란 걸까, 아님 너무 선을 그어서 내 안에 있던 일말의 흥미도 사라진 걸까 등 스스로에게 물음표를 던지고 있었다.

그런데 정신차려 보니 나는 내 이야기를 하고

있었다. 생각지도 못한 깊은 속을 꺼내 보이기도 하고, 예상 밖의 주제에 공감하고 웃으면서 조금 당황스럽고 쑥스러웠다. 그 때는 이유를 모르겠다고 생각했는데 이제 보니 내가 그어둔 선을 내가 지키지 않고 있다는 사실이 당혹스러우면서 동시에 나쁘지 않았던 것 같다. 아니 좋았다.

그러다가 물어볼 용기도 냈다. 그어둔 선에 기분이 상해 그나마 열린 마음에 생채기를 내면 어쩌지 하는 우려와 달리 그는 신이 나서 이야기를 들려줬다. 그 시간이 그를 알게 된 이래 가장 편안하고 즐거웠던 시간임을, 이 글을 빌어 고백한다. 서로 다른 생각 없이 몰입해서 떠드는 것도 오랜만이지만 내가 걸어 잠근 문이 다시 열릴 수 있다는 것에 놀랐다. 사실 자리에 나가기까지 어떻게 하면 시간이 빨리 흐를지 고민했다. 적당히 겉핥기식 일상을 나누다가 우연히 시간을 보고는 놀라는 척 하며 집에 오겠지 예상했고. 보다시피 적중률 0%이었지만.

집에 오는 길, 그어놓은 선이 희미해졌다는 사실을 몇 번이고 확인했다. 종종 너무 다른 사람들에게 쉽게 곁을 내주지 않았다. 섞이지 않으면 않는 대로 두면 그만인 것을 이전에는 몰랐다. 여전히 그와 나는 다르지만, 다음 해 겨울에도 그의 이야기를 듣고 싶다고 생각했다.

(2019년 1월)

향(香)

방금 지나치는 수많은 사람들 중 딱 한 사람. 그 사람한테서 좋은 향이 났다. 딥블루 색의 상의를 입은 그의 향은 향수도 아니고, 섬유유연제도 아니었다.

이제 막 샤워하고 나온 사람처럼 쿨하고 시원한 향도 아니었는데 뭐랄까 목욕한 것처럼 폭신폭신하고 산뜻한 거품이 생각나는 향이었다. 마치 비눗방울이 떠오르는.

그런데 또 곁에 있어서 은은하게 나는 느낌은 아니고 걷다가 가까이 다가온 순간 훅-하고 들어왔는데, 그게 너무 좋아서 충격적일 정도였다.

아주 오랜만에 멈칫하게 만드는 향에 마법에 홀린 것처럼 뒤를 돌아 보았다. 혹시 그 사람일까 눈이 바쁘게 사람들의 뒤통수를 헤집는 나에게 아직 그가 꽤나 짙은가 보다.

(2021년 10월)

사랑하는 너에게

그 때의 너는 어쩔 줄을 몰랐어. 처음 겪는 상황에 방어도, 공격도 하지 못한 채 전처럼 모두 끌어 안으려 했던 것 같아. 시간이 지나도 좀처럼 아물지 않는 상황에 당황하느라 숨통이 조이는 줄도 모르고 조금씩 시들어 가는 너를, 그 땐 몰랐어.

아직도 기억이 나. 스치기만 해도 터지는 눈물에 화장실로 달려가 끅끅대던 날들. 소리 죽여 울다가 하루는 숨을 못 쉬었잖아. 호흡이 돌아올 때까지 함께 들이마시고 내쉬길 반복하다 세상에 갓 나온 것처럼 떠나가라 소리 내어 울었지.

이건 시작이었어. 친구들을 만나 실컷 떠들고 집으로 돌아가던 길이면 다시 눈물을 터뜨리고, 약속 없는 밤엔 방에 틀어 박혀 멍하니 있다가 뜬 눈으로 다음 날을 맞이하고.

너는 그렇게 천천히, 아주 천천히 메말라 갔어.

좀처럼 해결되지 않는 상황에 틈만 나면 찾아

오는 이상한 기분이 무서웠어. 텅 비어서 아무 것도 느껴지지 않는 빈 껍데기 같은 기분일까? 모르겠어. 여전히 기분을 설명할 수 없어. 그래서 너는 문득 사는 게 소용이 없다는 생각을 했더랬지.

하루는 물어봤잖아. 죽고 싶냐고. 그런데 너는 한참을 가만히 있다가 이렇게 답했어.

-죽을 의욕도 없어요. 전 그냥 살고 싶지가 않아요.

어쩌다가 이렇게 됐는지, 내가 무슨 잘못을 했는지, 어디서부터 잘못된 건지, 대체 내가 더 어떻게 해야 하는지. 대답할 틈도 주지 않고 수도 없이 되뇌이기만 하다 가버렸어. 그렇게 한참을 혼자 헤매고 아파하던 네가, 나는 이제야 걱정이 돼.

...
...

그 때의 나는 어쩔 줄을 몰랐어. 처음 겪는 상황에 당황하느라 시드는 줄도 모르고 내버려 두었어. 지나고 보니 어떻게 했어도 해결되지 않았을 거야. 너의 잘못이 아니라 그저 살면서 닥쳐 온 태풍이었을 뿐이니까. 하지만 말이야. 다시 살고 싶지 않다는 생각이 들 때면 이거 하나는 꼭 기억했으면 좋겠어.

부디 도망칠 힘까지 짜내서 버티지는 않길 바라. 넘어진 채 꾸역꾸역 기어가는 지난 날의 위태로움을 알잖아. 네가 정말 일어나고 싶어졌을 때 온전히 일어나서 다른 길을 갈 수 있도록 마지막 힘은 비축해줘.

이제야 너의 공허를 들여다 보아서 진심으로 미안. 내가 바람을 어찌할 도리는 없다는 것을 지금이 되어서야 알겠어. 알고 나니 조금은 편안해. 버텨줘서 고마워. 이제 내가 다시 일어나 볼게.

(2023년 3월)

핫초코 마실 생각에
기다리는 겨울

휴대폰 불빛 하나 들고 야간등산을 했다. 답답하고 뿌연 공기가 수개월 간 내 몸에 가득 찬 기분이었는데, 산 공기 마시면 조금은 정화되지 않을까 하는 간절함으로 올랐던 날이었다. 도무지 땅에 발 붙이고 있어서는 정리되지 않는 머릿속의 갈피가 잡히길 바라며 출발했건만 정상에 오르기까지는 아무 생각이 들지 않았다.

정상에 올라서는 서울이 잘 내려다 보이는 바위에 자리를 잡고 앉아 생각했다. 내가 매일 우는 이유가 무엇인지, 이토록 나를 힘들게 하는 원인은 무엇인지, 해결할 방법은 없는지, 그렇다면 나는 그만두고 싶은 건지, 그만두고 나면 괜찮아질 수 있을 것인지. 끝도 없는 물음표를 던졌지만 살면서 이 날만큼 답을 못 내린 적도 없었다. 아직 겨울이 가시지 않은 밤공기에 코끝만 얼얼해져 수확도 없이 하산하던 길이었다.

아직 다 내려가려면 멀었는데 따뜻한 주황색 불빛이 새어 나오는 창문이 보였다. 가까이 가 보니 벽돌로 쌓여진 아담한 카페였는데 그 불빛이 너무 아늑해 보여서 홀린 듯 들어가 밀크티를 한 잔 시켰다. 어찌나 부드럽고 폭신하던지 첫 모금의 온기가 여직 입가에 남아 있는 듯하다. 그리고 밀크티를 다 마셨을 때쯤 어느 정도 마음을 잡을 수 있었다.

혼자 야등하는 것은 대단히 산을 좋아해서라기보단 번뇌가 너무 심해서 발버둥을 치는 것인데, 사실은 외롭고 종종 무섭기도 하다. 그래서 이런 밤이 잦지는 않았으면 했던 내가, 이 밀크티 한 잔에 또 올 수 있겠다는 푼수 같은 생각을 한다. 밀크티를 다 마실 무렵 장갑 안에서 얼었던 손이 녹아 있었다.

인생이 이런 걸까?
핫초코 마실 생각에 추운 겨울을 또 한 번 기다리는 것.

(2022년 3월)

균형

사람도 일도 환경도 적응에 시간이 필요한 편이라 시간과 에너지가 부족한 직장인이 되고부터는 낯선 환경이나 경험에 구태여 시간을 내지 않았고 (못했고), 익숙한 것과 해야 하는 것에 집중하며 늘 내 시간과 에너지를 아끼기 위한 최적의 계획을 세웠다.

어쩌다 우연이 생겨도 기다려 줄 여유가 없거나 내 속도를 억지로 바꾸려는 불편한 느낌이 들면 애써 잡지 않았다. 안 그래도 부족한 시간에 에너지를 들이려면 일단 마음이 편안해야 한다는 지론을 벗삼아.

그러나 화가 많아 자책하던 밤, 깨달은 게 있다.

나야말로 나를 지키는 게 중하고 급해서 우연을 잡을 준비가 되어있지 않다는 것. 누구를 기다려 줄 여유도 없고, 내 속도를 맞춰볼 용기와 의지가 없다는 것. 나를 아끼기 위해 세운 계획과 통제에 스스로 갇혀 버려 매일 긴장도가 높은 삶의 순환을 만들어 버린 것.

 이 순환이 가져다 주는 사회적 안정과 신뢰를 무시할 수 없고, 여전히 중요하게 생각하는 가치이지만 뜻하지 않은 일도 편안하게 마주하는 여유를 되찾아야겠다. 그래서 계획의 실용과 무계획의 낭만을 다시 양립하며 살아가고 싶다.

(2023년 5월)